GUIDE DU TOURISTE

SUR

LE CHAMP DE BATAILLE

DE

FRŒSCHWILLER

avec cartes, notice historique, vues d'ensemble et croquis dessinés d'après nature par A. TOUCHEMOLIN.

Déposé.

ÉDOUARD FIETTA, éditeur, rue du Dôme 14,
STRASBOURG.

A la mémoire de son ancien condisciple, **ERNEST DE FRANCHESSIN**, colonel au 96e régt de ligne, mort au champ d'honneur le 6 août 1870.

A Mme la Comtesse E. DE FRANCHESSIN.

EDOUARD FIETTA.

Aux voyageurs.

J'offre aux personnes qui se proposent de visiter le théâtre des grandes luttes de la guerre franco-allemande, un aperçu clair et précis du champ de bataille de Frœschwiller. J'en ai parcouru moi-même minutieusement tous les sentiers et y ai recueilli avec soin toutes les indications qui rendront cette excursion plus facile aux voyageurs. Ce travail s'adresse surtout aux touristes qui n'ont qu'une journée à consacrer à cette intéressante promenade, soit que, bons marcheurs, ils désirent parcourir à pied tous les dédales du théâtre de cette gigantesque lutte, soit qu'ils aiment mieux faire en voiture les routes, peu longues du reste, qui le sillonnent. L'étranger trouvera également dans ce guide des renseignements précis sur les établissements qui offriront le plus facilement un confort compatible avec les ressources du pays.

NOTICE HISTORIQUE [1].

Le champ de bataille de Frœschwiller (voir nos cartes, jointes à ce volume, tirées de celles de l'état-major (Saverne, au 1/8000), n'embrasse dans son rayon pas moins de dix villages répartis sur une longueur de 8 kilom., du nord au sud, et sur une largeur de 5 kilom., de l'est à l'ouest ; ce sont : Wœrth, Gunstett, Oberdorf, Spachbach, Dieffenbach, Morsbronn, Eberbach, Elsasshausen, Frœschwiller et Reichshoffen.

Quand on se rend sur le théâtre de la lutte par la route allant de Haguenau à Wœrth, peu après être sorti de la forêt du même nom, l'œil découvre un verdoyant vallon, qui, disposé presqu'en amphithéâtre, laisse plonger les regards jusqu'à son arrière plan, la montagne de Liebfrauenberg et les hauteurs couronnant Neehwiller ; au pied de ce rideau, Wœrth, le chef-lieu du canton, gros bourg à cheval sur le Sauer-

[1] Pour cette notice, nous avons puisé d'utiles renseignements, et même, çà et là, butiné parmi les descriptions les plus heureuses, dans l'excellent et intéressant ouvrage de M. *Emile Delmas : De Frœswiller à Paris*. Nous nous sommes également permis de reproduire deux strophes du pathétique poëme d'*E. Bergerat : Les Cuirassiers de Reichshoffen*. — Nous recommandons la lecture de ces deux ouvrages à toutes les personnes qui se proposent de visiter le champ de bataille de Frœschwiller.

bach, modeste cours d'eau, souvent à sec en été, qui serpente sans bruit à travers les prairies occupant le fond du vallon. Les coteaux de l'est, moins élevés que ceux du côté opposé et moins brusquement étagés, sont couverts de vignes et de vergers derrière lesquels se cachent Spachbach, Oberdorf, Gunstett. Les hauteurs du versant ouest ont un aspect plus sauvage, surtout celles qui forment le fond du tableau : une pente assez douce, émaillée de champs de blé, de lin et de tabac, conduit, sur presque toute la longueur du versant, à un changement subit d'inclinaison qui, d'insensible, devient abrupte et est couronnée d'épais bois de chênes et de hêtres ; c'est à peine si à travers leurs éclaircies on voit les toits de Morsbronn, Elsasshausen, et sur les dernières hauteurs visibles, Frœschwiller.

Sur le premier plan de ce riant panorama, se trouve au fond du vallon, à droite de la route et sur le Sauerbach, le moulin et la ferme de la Brückmühl.

Tel est le terrain où le maréchal Mac-Mahon résolut d'attendre la lutte qui devait décider de l'invasion de la France, et où il put espérer la refouler malgré l'insuffisance numérique de son armée et le désordre inouï qui régnait dans l'administration des intendances. Effectivement, ce 1er corps d'armée dont les relations officielles supputaient diversement l'importance, en comptait à peine 25,000 ; 8 à 9 mille vinrent s'y ajouter la veille de la bataille ; dans ce chiffre sont compris 4,000 hommes fatigués, débris de la division Douay et 5,000 hommes enlevés à la garnison de Strasbourg. En tout 33,000 hommes. [1]

L'avant-veille de la bataille, le 4 août, pendant que Douay se laissait surprendre à Wissembourg, Mac-Mahon faisait quitter à ses troupes les cantonnements qu'elles avaient pris autour de Gunstett, Oberdorff et Spachbach, et les concentrait sur les hauteurs d'Elsasshausen et de Frœschwiller.

Cette position éminemment défensive, et commandant les routes de Bitche - Phalsbourg et Haguenau - Saverne, étaient habilement choisie : en effet, pour l'enlever, l'armée du prince royal devait descendre le versant est du vallon, traverser le Sauerbach à Wœrth et à la Brückmühl et gravir sous le feu de l'artillerie française les 1500 mètres de coteaux qui s'élèvent jusqu'à Morsbronn, Elsasshausen et Frœschwiller. Ce dernier village, d'ailleurs, ne sentait pas la poudre pour la première fois : déjà, lors de l'invasion que repoussa la première république, il fut reconnu comme point stratégique important et servit de centre d'opération dans un combat acharné qui lui emprunta son nom.

Le 6 août 1870, le canon commença à gronder dès quatre heures du matin. A sept heures la bataille était

(1) Le lecteur trouvera à la fin de l'ouvrage à l'article: Notes, le détail des corps français qui ont pris part à la bataille de Frœschwiller, ainsi que la liste aussi complète qu'il a été possible de nous la procurer, des principaux officiers qui y ont succombé, soit le jour même, soit quelques jours après.

engagée sur toute la ligne ; elle se maintint indécise jusque vers quatre heures du soir, malgré un important renfort de Bavarois, arrivé vers la fin de la matinée par la route de Lembach. Vers quatre heures, pendant que le prince royal redoublait d'efforts sur le centre et sur la gauche de Mac-Mahon, appuyée sur Frœschwiller, celui-ci vit déboucher vers Gunstett une nouvelle armée, forte de 38,000 hommes,[1] qui, marchant sur Morsbronn, puis sur Forstheim et Eberbach, cherchait à se jeter sur ses derrières en défendant sa droite vers Elsasshausen et Gundershoffen.

Alors la retraite sonna : un bataillon de turcos, 8 escadrons des 8e et 9e cuirassiers et un escadron du 6e lanciers furent chargés de la soutenir.[2] Ici nous laissons la parole à M. Delmas, qui a peint en termes plus éloquents que nous ne saurions le faire, ce drame légendaire :

« Pour le salut des débris de notre armée se trouvaient là les 8e et 9e régiments de cuirassiers ; ce sont eux qui vont couvrir la retraite, soutenus par un bataillon de turcos ; il s'agit de charger à travers Morsbronn et de descendre comme une trombe humaine jusqu'au fond du vallon ; dans le village des milliers de Badois sont

(1) Sur ces 38,000 h., 20,000 Würtembergeois restèrent en réserve dans les bois de Gunstett. 18,000 Badois firent le mouvement sur Morsbronn.

(2) Voici l'effectif des hommes qui firent la charge : 9e Lanciers, 140 h., 8e Cuirassiers 540 h., 9e Cuirassiers 540 h.

embusqués dans les maisons ; au-delà les cuirassiers se trouveront sous le feu de 50 pièces de canon ; c'est à la mort qu'ils vont marcher, ils le savent et ne frémissent point. L'heure est venue ; leur chef échange avec le maréchal un touchant et dernier adieu ; ils s'élancent dans la fournaise. Dans leur course folle, ils traversent la grande rue de Morsbronn en pente raide, décimés à bout portant par le feu qui sort des maisons, contre lesquelles ils piquent avec rage leurs lattes impuissantes ; l'ennemi, invisible, les abat, mais leur cœur est intrépide. Au bas du village ils se reforment sous la mitraille pour charger dans le fond du vallon. Alors commence cette folie sublime : déchirés par une pluie de fer, ils chargent dans les champs de lin où les chevaux disparaissent jusqu'au ventre ; ils font des trouées dans les houblonnières, où culbutent hommes et chevaux ; ces géants remontent en selle, la fureur de mourir les saisit, ils chargent, ils chargent encore... Où donc sont-ils ? La retraite est sauvée, mais les cuirassiers de Frœschwiller ne sont plus ! »[1]

Écoutons encore Émile Bergerat, dans ses *Cuirassiers de Reichshoffen :*

Qu'ils sont beaux ces guerriers, dans la mort résolus !
Ils volent franchissant les fossés, les talus,

(1) Voir page 40 de l'ouvrage déjà cité de M. Delmas : *De Frœschwiller à Paris.*

Et leur ombre autour d'eux bondit, flotte et s'allonge ;
Et l'ennemi disait : « Que vont-ils donc oser ?
Quel combat fabuleux viennent-ils proposer ?
Nocturnes cavaliers, font-ils la guerre en songe ?

Ils la font ! Les voilà. Balayant le terrain,
L'escadron est entré dans la masse d'airain
Comme au lit d'un torrent les neiges en déroute !..
Épaississez vos rangs, entre-croisez vos fers !
Déchaînez la mitraille... Ils passent au travers...
On leur a dit : « allez » ils se taillent leur route.

PREMIÈRE PARTIE.

POUR LES TOURISTES A PIED.

A. *Excursion d'une journée.*

Nous allons tout d'abord nous occuper du terrain à faire parcourir aux personnes qni ont toute la journée à consacrer à la visite du champ de bataille ; nous donnerons un peu plus loin (page 24) l'itinéraire à faire suivre aux voyageurs qui n'auront qu'une demi-journée à leur disposition.

En nous plaçant au point de vue de la majorité des touristes, nous choisissons Strasbourg comme point de départ.

Prendre son billet pour la station de Reichshoffen ligne de Niederbronn ; à Haguenau on change de voiture. En arrivant à la gare de Reichshoffen, on aperçoit le village à droite, (voir notre grand croquis nº 1) à gauche au-delà de la voie et tout près de la clôture, dans un champ de blé, se voit une modeste tombe ; c'est là que trouva la mort et que repose depuis, un zouave qui portait son officier blessé.

Trois cents mètres environ séparent la gare du bourg de Reichshoffen : en y entrant par la rue principale, qui n'est que la continuation du chemin de la station, on la voit aboutir au château de M. de Leusse, ex-député au corps législatif ; c'est là qu'avaient établi leur quartier général le maréchal Mac-Mahon, puis le général Ducrot ; sa cavalerie était parquée dans les vergers avoisinant la propriété, dont l'entrée est flanquée d'une tour restaurée de l'ancienne enceinte du village. — En revenant sur ses pas, par la même rue, on trouve à droite l'hôtel de l'Ange d'or [1], à côté de l'église ; un peu plus loin à droite, une petite rue au coin de laquelle on voit un poteau indicateur et un crucifix ; c'est celle que nous allons prendre. A son extrémité se dresse un autre crucifix près duquel se croisent deux routes ; nous suivons celle de droite, qui nous mène au bout de quelques pas à un petit pont au-delà et à gauche duquel se voient, à moitié cachées dans les herbes aquatiques qui bordent le ruisseau, deux humbles croix (voir croquis nº 2) : c'est là que tombèrent un zouave et un artilleur qui, exténués de fatigue et incapables d'aller plus loin, épuisèrent leurs cartouches sur la cavalerie chargée de la poursuite de l'armée en déroute. En continuant la route, nous remarquons à gauche une scierie, dans l'enceinte de laquelle se dresse une antique tour ; elle dépendait autrefois de la chapelle du monastère d'Heydenkirch. Au bout de cinq minutes nous abandonnons la route que nous venons de suivre et qui mène à Frœschwiller, pour nous jeter dans le premier petit sentier à droite ;

(1) Déjeuner 1,75. Diner, 2,50 avec 1/2 bouteille de vin. Café 30 c. Voitures. —

dans l'angle qu'il forme avec la route se distinguaient il y a peu de temps encore les vestiges d'un campement : c'est là qu'étaient les cuirassiers le matin de la bataille. A peine sommes-nous engagés dans le sentier qu'un chemin s'en détache à gauche ; nous le laissons pour continuer encore une vingtaine de pas, jusqu'à ce que nous en trouvions un second qui serpente, montant en pente douce entre deux collines, dans les prairies du versant de droite. Arrivés au sommet de la colline, retournons-nous un instant pour nous rendre compte du pays que nous laissons derrière nous : au-dessus et en arrière de Reichshoffen qui est à nos pieds, le vil-d'Oberbronn par où arrivait et où a été canonnée l'avant-garde du général de Failly, nous montre à peine quelques-uns de ses toits ; à droite, sur les hauteurs se dessine la silhouette des ruines du Wasenbourg, qui commandait le défilé de Bitche, et qui surplombe Niederbronn, distant à peine de Reichshoffen de trois kilomètres. Nous continuons à suivre notre sentier : au bout de deux à trois minutes il croise, un chemin que nous traversons entre deux bornes ; nous poursuivons dans tous ses dédales à travers champs le même sentier jusqu'à la rencontre d'un chemin carrossable que nous prenons pour traverser la forêt ; c'est celui qui a été suivi dans la retraite par l'infanterie et une partie de la cavalerie, tandis que la route de Frœschwiller à Reichshoffen était réservée pour l'artillerie et le train des équipages, Au bout de deux cents mètres sous bois on traverse un chemin également carrossable, perpendiculaire à celui que nous suivons ; dans l'angle que forment les deux chemins à droite, repose un cuirassier. Au bout de dix minutes, nous trouvons, à droite dans le fossé, à peine indiquée par deux petites baguettes de noisetier grossièrement disposées en croix, la tombe d'un soldat d'infanterie (voir notre croquis n° 3). Le bois s'éclaircit et l'on aperçoit les toits neufs de Frœschwiller à gauche ; plus loin se dessine le Liebfrauenberg, sur lequel s'appuyait l'aile droite du prince royal Frédéric-Guillaume. Plus bas nous rencontrons encore une tombe, à gauche dans le taillis ; c'est celle d'un lancier ; immédiatement au-delà, la voie tourne et va tomber dans un chemin vicinal que nous suivons à gauche et qui, lui aussi, va peu après tourner à gauche pour nous ramener en forêt ; nous y pénétrons, après avoir enjambé un ruisseau, par une assez vaste clairière où furent enterrés des chevaux. Ici nous quittons un instant notre route qui continue à droite pour aller visiter la tombe du général Colson (voir notre croquis n° 4). On y va par un sentier qui, montant à gauche, mène à la lisière du bois ; quand on en est sorti et que l'on tourne à gauche, on a devant soi, occupant le milieu d'un coin de prairie encadré dans le bois, un modeste tumulus, surmonté d'une croix plus modeste encore ; deux sources font entendre près de là leur paisible murmure ; peu d'endroits sur terre sont empreints de plus de mélancolie que celui-ci. Le général Colson n'est pas seul à reposer dans ce lieu solitaire : plusieurs fosses sans croix, déjà cachées sous l'herbe, émaillent cette prairie où se battit encore l'arrière-garde française.

Retournons sur nos pas et reprenons notre route qui monte, puis tourne à gauche après avoir passé entre deux chênes ; le taillis qui se trouve à notre droite et le bois qui est derrière nous, sont jonchés de débris et de fosses ; l'arrière-garde a défendu ces fourrés avec acharnement.

Après moins de dix minutes de marche dans notre chemin vicinal, nous croisons la route de Frœschwiller à Eberbach (voir notre carte), et cinq minutes après nous entrons à Elsasshausen. De ce petit hameau, annexe de Frœschwiller, il ne restait que des ruines le lendemain du 6 août ; plusieurs de ces maisons se sont relevées de leurs décombres.

Arrivés au milieu du hameau, nous descendons à gauche un chemin qui longe un groupe de maisons ruinées (voir notre croquis n° 5) ; au bout d'une trentaine de pas nous passons devant deux puits pour prendre un sentier étroit qui rampe entre une haie et la maison de gauche, puis serpente dans la prairie jusqu'à la hauteur que couronne Frœschwiller ; dans ces prairies la lutte a été acharnée ; le terrain est semé d'éclats d'obus et moucheté de trous que faisaient en tombant ces projectiles ; on dirait que la mitraille s'est abattue comme la grêle sur ce sol dont l'herbe a peine à cacher les déchirements.

En continuant ce sentier nous retrouvons bientôt la route d'Eberbach à Frœschwiller qui monte en pente assez raide vers ce dernier village ; dirigeons d'abord nos pas du côté de l'église : pendant la bataille elle servit d'ambulance et était remplie de blessés quand les projectiles de l'ennemi y mirent le feu ; à peine le dernier blessé venait-il d'en être évacué, que la toiture et le clocher s'effondraient, ne laissant de l'église que les quatre murs, entre lesquels, comme dans un four géant, se consumèrent en une immense fournaise, les débris de charpente hachée par les boulets (voir croquis nº 6). A côté de l'église on remarque la propriété de M. le comte de Dürckheim : c'est là que le maréchal Mac-Mahon avait établi son quartier général : l'état actuel du château semblerait faire croire qu'il avait été ménagé par les obus et les boulets de l'ennemi ; mais il n'en est rien : tout un pan de mur enfoncé, les meubles hachés et les appartements rendus presque inhabitables témoignaient éloquemment, au lendemain de la bataille, de la part qu'y avait eue le château de Frœschwiller (voir notre grand croquis nº 7, pris de l'intérieur du parc.).

En quittant la propriété de M. de Dürckheim, notre troisième visite dans le village sera, par ordre d'intérêt, pour une modeste auberge située presqu'en face du château. Son enseigne porte : A la Montagne verte, au rendez-vous des chasseurs. » Nous entrons, en effet, chez un ancien et bravc brigadier forestier, chasseur depuis sa retraite ; écoutons-en un instant causer

M. Delmas : « A en juger par les collections d'animaux empaillés et par les livres soigneusement classés dans une bibliothèque, notre hôte était à la fois un chasseur et un lettré : des canards sauvages, des hérons, des martins-pêcheurs, des oiseaux de proie de toutes tailles ornaient, en compagnie de quelques volumes de géographie, d'histoire naturelle et de poésies alsaciennes, le sanctuaire où le digne homme se refugiait sans doute en revenant de la forêt. Pour le moment, il s'était enfui avec les derniers soldats français, pour ne pas être fait prisonnier, et ce n'est que deux jours plus tard qu'il revint au village, vêtu en paysan »[1]. M. Ballis, c'est le nom de l'hôte, fera voir avec complaisance aux touristes non-seulement le sanctuaire dont parle M. Delmas, mais encore les chambres, mouchetées de balles, où couchèrent le général Raoult, la veille de sa mort (il commandait l'aile gauche, fut blessé à Frœschwiller, du côté qui regarde le Liebfrauenberg, et succomba à Reichshoffen) ; le colonel Bréger du 18e de ligne ; le général von der Tann, etc. Il mettra également tout son plaisir à promener ses visiteurs dans ses corridors, sa cour, son jardin ; à leur raconter, d'une voix émue, les épisodes sanglants dont ces lieux ont été le théâtre ; enfin à leur étaler sous les yeux un autre musée : les débris qui jonchaient le champ de bataille en font les frais. Finalement, ce qui ne gâte rien, l'hôte du Rendez-vous

(1) *De Frœschwiller à Paris*, Émile Delmas page 84.

des chasseurs sera parfaitement à même de servir aux touristes affamés ou altérés, et à des prix très-modérés, [1] soit déjeuners, soit dîners, le café, voire même la bière.

Après une courte promenade dans le village, nous prenons la route qui mène à Wœrth ; remarquons en passant la dernière maison à droite, au premier étage de laquelle étaient les officiers de l'état-major.

A quelques pas de là la route fait un léger coude et descend en pente plus raide : c'était l'emplacement des mitrailleuses françaises (voir croquis n° 8).

Dix huit cents mètres séparent Frœschwiller de Wœrth ; c'est dans ces parages que l'action fut la plus meurtrière, et cependant c'est ici que nous en voyons le moins de traces. Mais il n'en est pas de même en entrant à Wœrth. La première maison qui frappe nos regards est l'auberge à la Belle vue, puis, un peu plus loin à gauche, la brasserie du Cheval noir ; avant de pénétrer dans le bourg nous allons d'abord visiter les nombreuses et importantes tombes qui garnissent les hauteurs à droite. Nous quittons près de l'auberge de la Belle vue, la route par laquelle nous arrivons de Frœschwiller pour prendre près de deux peupliers un petit chemin à droite ; à quelques pas de là, après avoir longé des haies, il traverse une route, celle qui mène à Elsasshausen, puis monte

(1) Café au lait avec beurre, 0,45. Déjeuner, 1,75, diner, 2,50. Café noir avec kirsch, 0,40.

sur une éminence, au pied de laquelle on voit s'étaler Wœrth (voir grand croquis n° 9) ; au-delà, le chemin s'encaisse ; au bout de deux à trois minutes de marche, en montant à droite dans un champ qui fait talus le long du chemin, nous avons sous les yeux la plus grande fosse que nous ayons encore rencontrée dans notre parcours (voir croquis n° 10) : elle renferme les restes du général E. Maire, de M. de Vogué, capitaine aux spahis et aide-de-camp du maréchal Mac-Mahon, de quatre-vingts soldats français, et plus loin, au-delà de deux pommiers, des officiers, sous-officiers et soldats allemands. En revenant à notre sentier, nous en trouvons un second qui se détache à gauche, en face de l'extrémité supérieure du grand tumulus ; ce sentier tourne à droite, puis, au bout de cinquante pas, à gauche : en le suivant encore l'espace de cent vingt pas, nous arrivons à une éminence sur la droite de laquelle nous apercevons un nouveau tumulus, contenant dix officiers et une cinquantaine de soldats du 50e d'infanterie prussienne (voir notre croquis n° 11).

Cela fait, laissant à gauche le chemin que nous venons de suivre, nous nous dirigeons tout droit vers la route qui est à nos pieds au fond du vallon ; nous traversons un verger dans lequel se dressent trois croix très-apparentes : plus de quatre cents hommes sont enterrés là ; puis nous entrons dans Wœrth par la route de Haguenau (voir notre carte).

Au bout de deux cents mètres, au-delà de l'église, la

rue fait un coude et c'est à l'angle qu'elle forme qu'est l'hôtel du Cheval blanc [1] ; en face de l'hôtel on voit une ancienne tour dont les créneaux ont été soigneusement restaurés ; le château, qui y est attenant, était autrefois le siége de l'administration de Hanau-Lichtenberg ; sa construction remonte à l'an 1555.

En continuant notre promenade au-delà de l'hôtel nous traversons plusieurs rues qui toutes ont été plus ou moins le théâtre de sanglants combats et nous nous dirigeons de nouveau vers l'auberge de la Belle vue que nous avons aperçue en descendant de Frœschwiller.

Remarquons en passant la maison portant le numéro 78, appartenant à M. Singer, dont la cour reproduite dans notre croquis n° 12, a été défendue avec acharnement par des soldats du 2e zouave ; près de cette maison, en face et à notre droite nous voyons un verger clos tout hérissé de croix et parsemé de tumuli : six cents hommes, presque tous allemands, reposent sous ce gazon. Nous donnons une vue d'ensemble de cette partie de Wœrth dans notre grand croquis n° 13.

Prenant ensuite, derrière et à l'angle de la brasserie du Cheval noir, un chemin qui traverse la prairie, nous nous dirigeons vers une petite cabane blanche située

(1) Déjeuner à 1,75. Dîner avec 1/2 bouteille 2,50. On peut se faire servir dans les chambres du premier. — Dans le cas où il y aurait affluence à l'hôtel du Cheval blanc, il en existe encore deux autres à Wœrth, l'Arbre vert, à côté du Cheval blanc et la Montagne verte en face.

sur la hauteur en face, couverte de vignes ; divers sentiers y conduisent. Arrivés sur le plateau, laissant la cabane à gauche, nous suivons le chemin jusqu'au bois qui s'étend devant nous : après en avoir longé pendant quelques minutes la lisière qui oblique à droite, nous ne tardons pas à avoir sous les yeux une seconde cabane dont les murs sont mouchetés de projectiles et le toit déchiqueté à jour (voir notre dessin n° 14). Elle tenait le centre du campement des turcos et en a gardé le nom ; quelques fosses l'environnent ; c'est là que commencèrent à s'abattre la mitraille et les obus de l'artillerie allemande. En face s'étendent les hauteurs où s'appuyaient l'aile droite et le centre du Prince royal : elles font l'objet de notre grand croquis n° 15. En tournant le dos à la cabane des turcos, nous voyons à gauche une hauteur boisée qui domine le paysage : c'est le Liebfrauenberg, sur lequel s'élève à mi-côte un ancien pèlerinage, habité, avant la première révolution, par une congrégation religieuse ; il est actuellement la propriété de M. Boussingault, l'éminent chimiste de l'école des arts et métiers à Paris. De cette propriété (voir le dessin n° 16) le regard embrasse toute l'étendue du champ de bataille ; aussi en recommandons-nous vivement l'ascension aux personnes qui n'auraient pas à compter avec le temps ; de la cabane des turcos trois quarts d'heure suffisent pour y arriver : il ne s'agit que de descendre tout droit sur la route dans le fond du vallon, et la traverser pour gagner le village de Gœrsdorf qui n'en est plus qu'à un petit quart d'heure de montée peu rapide. Si l'on voulait se rendre au Liebfrauenberg en partant de Wœrth, il faudrait compter pour y arriver une bonne heure de marche, et passer également par Gœrsdorf : une bonne route conduit de Wœrth à ce dernier village ; mais continuons la description du panorama que nous avons sous les yeux depuis la cabane des turcos. Au pied du Liebfrauenberg passe, dissimulée par un bois épais, la route de Lembach : c'est par cette route et par ce bois que les Bavarois firent leur apparition sur le champ de bataille. A droite de Gœrsdorf nous remarquons une route qui monte encaissée dans les champs du coteau, où s'était installée la majeure partie des batteries prussiennes ; plus à droite, cachés dans les vergers, Dieffenbach et Oberdorf. Dans le bois, à notre droite vers Frœschwiller, se trouvaient trois bataillons du 96e de ligne ; c'est là que fut mortellement frappé son colonel, M. E. de Franchessin. [1]

Retournons à Wœrth soit par le chemin des vignes, soit par la route qui est à nos pieds. Cinq kilomètres

(1) C'est à sa mémoire qu'est dédié ce petit ouvrage. Blessé d'abord au pied devant le front de son régiment, il remonta à cheval après le pansement ; blessé de nouveau plus grièvement et ne pouvant plus ni remonter en selle ne se tenir debout, il mit un genou en terre, et s'obstina à donner, à la tête de ses soldats, l'exemple de l'héroïsme dans le devoir. — Bientôt il tomba atteint une troisième fois ; enfin un 4e projectile l'acheva pendant que deux de ses soldats le transportaient, étendu sur des fusils, au village de Neehwiller.

séparent Wœrth de Morsbronn par la route qui mène à Haguenau ; sur les coteaux qui s'étalent à gauche de la route, nous voyons successivement Spachbach, Oberdorf, et, un peu plus caché que les deux premiers villages, Gunstett, par où survint le renfort badois. N'oublions pas de nous arrêter un instant à considérer le moulin et la ferme de la Brückmühl (voir croquis n° 17) qui s'est trouvé pendant toute l'action comme au centre du feu, à cause de sa situation sur la route allant de Gunstett à Eberbach. A deux kilomètres de la Brückmühl, nous trouvons à droite Morsbronn : au coin du chemin qui y pénètre nous voyons une grande auberge, dite à la Couronne : le surlendemain de la bataille le prince royal vint visiter les blessés, presque tous officiers allemands, qui s'y trouvaient. Entrons un instant dans ce village dont les cuirassiers ont immortalisé le nom. Plusieurs de ses rues conduisent au sommet du coteau par où, venant d'Elsasshausen et d'Eberbach, déboucha la charge de cavalerie et où le plus grand nombre de cuirassiers trouva la mort, en raison des difficultés insurmontables dont est parsemé le terrain : vignes d'un côté, champs de lin, de tabac et vergers clôturés de l'autre (voir vue n° 18).

Avant de quitter ce point, nous gravissons une éminence à proximité ; de là nous avons sous les yeux une vue d'ensemble du vallon, représentée dans notre croquis n° 19. En redescendant dans le village, on pourra visiter le cimetière où reposent bon nombre de ces braves. Cela fait, nous regagnons la route par laquell nous sommes venus pour prendre celle qui, commen çant en face de l'auberge dont nous avons parlé, tra verse un coin de Dürrenbach,[1] (voir notre carte) e nous conduit au bout de cinq kilom. à la pittoresqu station de Walbourg, où une bonne auberge et un frai jardin dédommagent amplement des longueurs de l'at tente ; car ce n'est que vers sept heures et demie qu passe le train qui rentre à Strasbourg (Walbourg étan sur la ligne de Wissembourg à Strasbourg, on n'a plu à changer de voiture à Haguenau).

B. *Excursion d'une demi-journée.*

Quant aux touristes qui voudraient visiter à pied l champ de bataille sans cependant pouvoir y consacre toute une journée, voici l'itinéraire que nous leur con seillons.

Prendre son billet pour la station de Reichshoffen se rendre de là à Elsasshausen en suivant toutes le indications de notre guide jusqu'à la page 15 ; à Elsass hausen, au lieu de descendre à gauche, suivre tou droit la route par laquelle on est entré dans le hameau elle mène à Wœrth ; au lieu de descendre directemen sur le bourg, visiter d'abord les trois fosses dont nou parlons page 19 : celle du général Maire, celle de dix officiers prussiens et celle des trois croix à l'entré

(1) A mi-chemin de Dürrenbach a été prise notre vue générale d Morsbronn n° 20.

de Wœrth ; de là, suivre la marche du guide jusqu'à la page 20, puis, au lieu de prendre le chemin de la prairie qui passe à côté de la brasserie du Cheval noir, suivre la route qui monte à Frœschwiller ; visiter ce village suivant les indications du guide (pages 16 à 18) ; enfin retourner à Reichshoffen par la grande route en forêt. Cet itinéraire est facilement exécutable en cinq ou six heures, tout en comprenant les points les plus intéressants du champ de bataille.

DEUXIÈME PARTIE.

POUR LES VOYAGEURS EN VOITURE.

Quoiqu'il soit possible de se procurer des voitures à Reichshoffen, pour éviter aux voyageurs toute surprise désagréable relativement à la nature du véhicule, nous leur conseillons de descendre à la station de Haguenau ; dans cette ville, en effet, ils seront toujours sûrs de trouver dans l'un ou dans l'autre hôtel, [1] le confortable qu'offre rarement le matériel roulant d'un village. Voici, dans ce cas, quel est l'itinéraire que nous conseillons d'adopter.

Aller directement à Wœrth par la route de la forêt : (voir notre carte) ; on aperçoit à gauche Morsbronn, à droite la Brückmühl, Gunstett, etc, (voir à ce sujet notre guide pages 5 à 6 et pages 23 à 24).

Arrivé à Wœrth, laissant la voiture à l'hôtel, visiter le village, puis la cabane des turcos, en suivant la marche du guide de la page 20 à la page 22 ; de retour à l'entrée de Wœrth, côté nord, près de l'auberge à la Belle vue, aller voir la tombe du général Maire, des dix

(1) Il y a une dizaine d'hôtels à Haguenau : les principaux sont l'hôtel de la Poste et l'hôtel du Sauvage — (excellent diner à 2,50 avec 1/2 bouteille de vin —). Quant aux voitures de ces hôtels, le prix de l'excursion dont nous donnons l'itinéraire, est de 10 fr. pour voiture d'un cheval, et de 16 fr. à deux chevaux.

officiers, etc, en se conformant à l'itinéraire indiqué par le guide de la page 18 à la page 19 ; puis si l'on désire visiter la propriété du Liebfrauenberg, reprendre la voiture jusqu'à Gœrsdorf et la faire attendre dans ce village ; sinon, se faire conduire à Frœschwiller, visiter le village en consultant notre guide de la page 16 à 18 ; puis prendre, avec la voiture, la route d'Eberbach, parfaitement carrossable ; à l'intersection du chemin d'Elsasshausen, quitter encore une fois la voiture en la faisant attendre sur la route ; suivre le chemin à droite pendant dix minutes environ ; au bout de ce temps, se détache encore un chemin à droite ; pénétrer avec lui dans une grande clairière où ont été enterrés des chevaux ; suivre le chemin qui monte en face, puis, au sortir du bois, tourner à gauche ; on est à la tombe du général Colson (voir page 14, et pour le chemin qu'on vient de suivre, page 15) ; de là revenir sur ses pas et se faire ramener à Wœrth en traversant Elsasshausen.

L'itinéraire en voiture est de 35 kilom., aller et retour, et de 42 kilom. en y comprenant la course de Gœrsdorf, pour le Liebfrauenberg.

NOTES.

COMPOSITION DU 1er CORPS D'ARMÉE.

Nous indiquons ici la liste des corps, pour la plupart for imcomplets, qui ont donné à la bataille de Frœschwiller l'ayant formée au moyen des renseignements fournis par le habitants du pays, nous ne pouvons pas en garantir la stricte exactitude.

1er, 2e, et 3e régiments de zouaves.

1er, 2e, et 3e » turcos.

Fragments des 3e, 12e, 45e, 46e, 36e, 18e, 78e, 96e, 98e e 99e régiments de ligne.

2e, 8e, 13e et 16e bataillons de chasseurs à pied.

6e et 12e chasseurs à cheval.

6e hussards.

2e lanciers (quelques hommes).

6e lanciers (140 hommes).

Batteries détachées des 9e, 12e, 19e et 20e d'artillerie.

1er et 2e cuirassiers (très-réduits, ont chargé à Frœschwiller avec les chasseurs).

8e et 9e cuirassiers (540 hommes de chaque régiment, ont chargé à Morsbronn avec les lanciers; il faut retrancher de ces cuirassiers 160 hommes non montés).

LISTE D'OFFICIERS MORTS.

Nous avons cru devoir faire suivre cette liste de celle des officiers tombés sur le champ de bataille et recueillis par les diverses ambulances voisines : le lieu de sépulture de ceux qui ont succombé a principalement été l'objet de nos recherches les plus scrupuleuses : pour éviter à cet égard toute chance d'erreur, nous nous sommes adressé directement aux notabilités du pays que recommandait particulièrement le zèle qu'elles ont déployé dans cette pénible circonstance. Qu'il nous soit permis d'adresser ici nos remerciments, pour leur bienveillant concours, à M. le comte de Dürckheim ; — à M. le curé de Morsbronn ; — à Mme de Cardon de Sandrans ; — à M. l'instituteur de Frœschwiller.

1° Frœschwiller.

(Ambulance)

MM. Poissonnier, colonel du 2e lanciers ;
Gaduel, commandant au 18e de ligne, mort le 7 août ;
Poupard, cap. adj. maj. au 18e de ligne, mort le 7 août ;
Crozals, cap. au 96e de ligne, mort le 6 août ;
Pierre, cap. au 13e chasseurs à pied, mort le 9 ;
Bucher, lieut. au 2e chasseurs à pied, mort le 9 ;
Armand, cap. au 13e chasseurs à pied, mort le 9 ;
Guillemot, lieut. au 13e chasseurs à pied, mort le 9 ;
Milliot, chirurgien-major au 2e tirailleurs algériens, mort le 9 ;
Fonvielle, lieut. au 2e zouaves ;
d'Hannecourt, lieut. au 45e de ligne ;

MM. Armand, Pierre, Milliot et Guillemot sont enterrés dans le cimetière communal ; les autres avec plusieurs officiers qu'on a ensevelis sans prendre leurs noms, sont inhumés dans des vergers avoisinant la maison Hochdœrfer à Frœschwiller. Dans la forêt de Frœschwiller, est enterré M. Triouiller, cap. adj. maj. du 18e de ligne.

Dans celle d'Elsasshausen, le général COLSON. A Neehwiller, M. DE FRANCHESSIN, colonel au 96e de ligne (déjà exhumé).

Les ressources manquant à Frœschwiller, la plupart des officiers blessés furent évacués sur Wœrth, Soultz, Haguenau, etc.

Sont morts à Haguenau : MM. DE CLÉRY, s. lieut. au 13e chasseurs ;
« « CHEREAU, lieut. au 2e zouaves.

Est mort à Wœrth : M. SALABERT, lieut. au 78e de ligne.

2° Wœrth.

Les inhumations dans cette localité s'étant faites plus régulièrement, nous n'avons pas à donner la liste des officiers qui y sont enterrés.

3° Reichshoffen.

(Cimetière communal)

MM. DE CARDON DE SANDRANS, cap. au 13e chasseurs à pied;
DE BOURNER, lieut. au 19e d'artillerie ;
COUJOT, sous-lieut. au 96e de ligne ;
RAOULT, général de brigade ;
DE St SAUVEUR, cap. au 3e zouaves ;
GROS, lieut. au 3e zouaves,
DE MONTAZEAU, sous-lieut. au 2e tirailleurs algériens;
BONNET, cap. au 20e d'artillerie ;
DE WASSART, colonel d'artillerie (déjà exhumé) ;
HENRIET, sous-lieut. au 96e de ligne ;
WARMÉ-JANVILLE, commandant au 99e de ligne ;
BERTRAND, commandant au 1er zouaves ;
SCHIFFMACHER, lieut. de cuirassiers ;

DE LA FRESNAYE, lieut. de lanciers ;
MASSION, commandant au 1er zouaves ;
JACQUEMIN, lieut. au 46e de ligne ;
X..., lieut. de lanciers ;
ROBERT-HOUDIN, cap. au 1er zouaves ;
MITTENBERGER, 20e d'artillerie.

4° Morsbronn.

Dans le cimetière communal sont enterrés :

HENRI DE BAUNE, lieut. colonel du 9e cuirassiers (tombe séparée).

Dans deux autres fosses contenant chacune près de soixante-deux cadavres, se trouvent plusieurs officiers dont les noms sont inconnus (il y en a huit ayant appartenu aux cuirassiers).

M. HUEBERT, lieut. de cuirassiers, est enterré dans la forêt.

TABLE DES MATIÈRES.

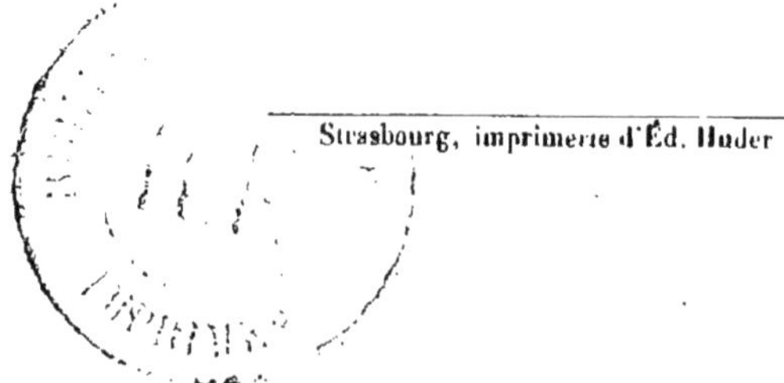

Strasbourg, imprimerie d'Éd. Huder

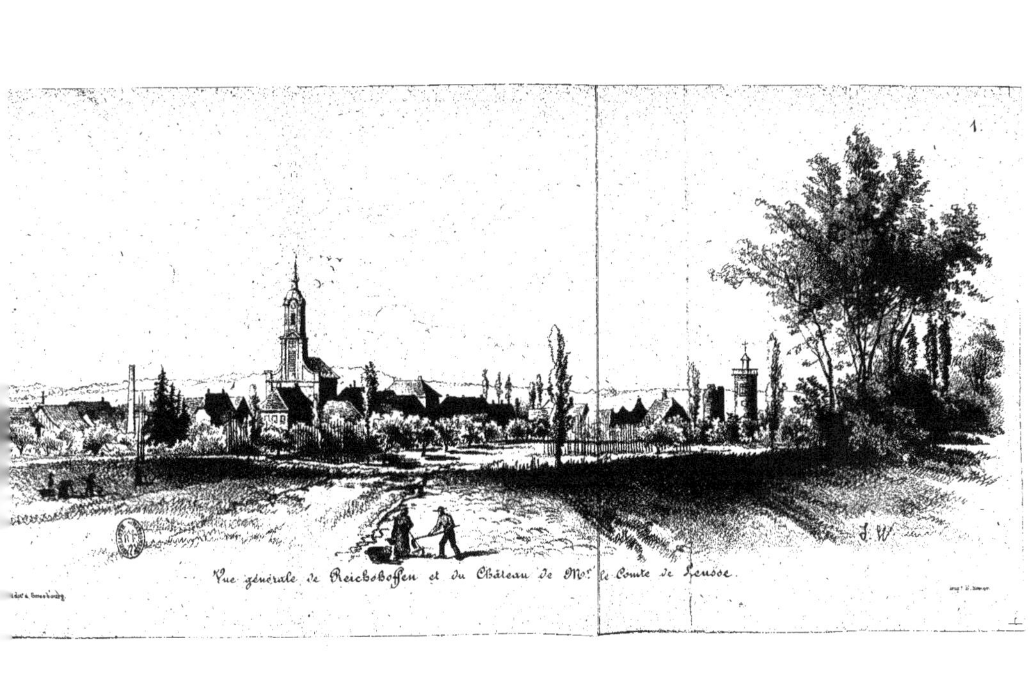

Vue générale de Reichshoffen et du Château de Mr. le Comte de Leusse.

E. Fietta, édit.r à Strasbourg.

près Reichshoffen.

Imp.r E. Simon

3.

Tombes en forêt de Reichshoffen à Elsasshausen.

E. Piton, édit. à Strasbourg.

Impr. E. Simon

Tombe du Général E. Colson.

Elsasshausen.

E. Fietta édit. à Strasbourg. Impᵗ E. Simon.

6.

Eglise de Frœschwiller et Château de M.r le Comte de Dürckheim.

R. Fietta édit.r à Strasbourg

Château de Mr. le Comte de Dürckheim et Eglise de Froeschwiller, (Intérieur du Parc.)

Sortie de Frœschwiller – Route de Woerth où étaient les mitrailleuses.

E. Fietta, édit.r à Strasbourg. Imp.r E. Simon

Vue générale de Woerth en venant d'Elsasshausen, (près la tombe du Gal E. Maire.)

Woerth. — Fosse commune où furent enterrés le Gal E. Maire et le Cap. de Vogüé.

E. Fietta, édit. à Strasbourg

Imp. E. Simon.

E. Fiess, édit. à Strasbourg

Woerth. — Tumulus des 10 Officiers prussiens.

Imp. E. Simon.

Woerth – Cour Singer.

Imp. E. Simon

Entrée de Woerth en venant de Froeschwiller.

La Cabane et la tombe des Turcos. (Forêt de Frœschwiller.)

15

Vue prise devant la cabane des turcos sur la gauche de Woerth.

Liebfrauberg (Couvent) actuellement Propriété de Mr Boussingault, Chimiste à Paris.

E Fietto, édit.r a Strasbourg

Imp.r E. Simon

17.

E. Fiesa, édit.r à Strasbourg.

Brückmühl, (près Gunstett.)

Imp.r E. Simon.

Morsbronn. – Vignes et Vergers par où a passé la charge des 8 et 9me Cuirassiers.

Vue générale des positions prussiennes, prise du plateau de Morsbronn.

Vue générale de Morsbronn prise du chemin de Durrenbach.

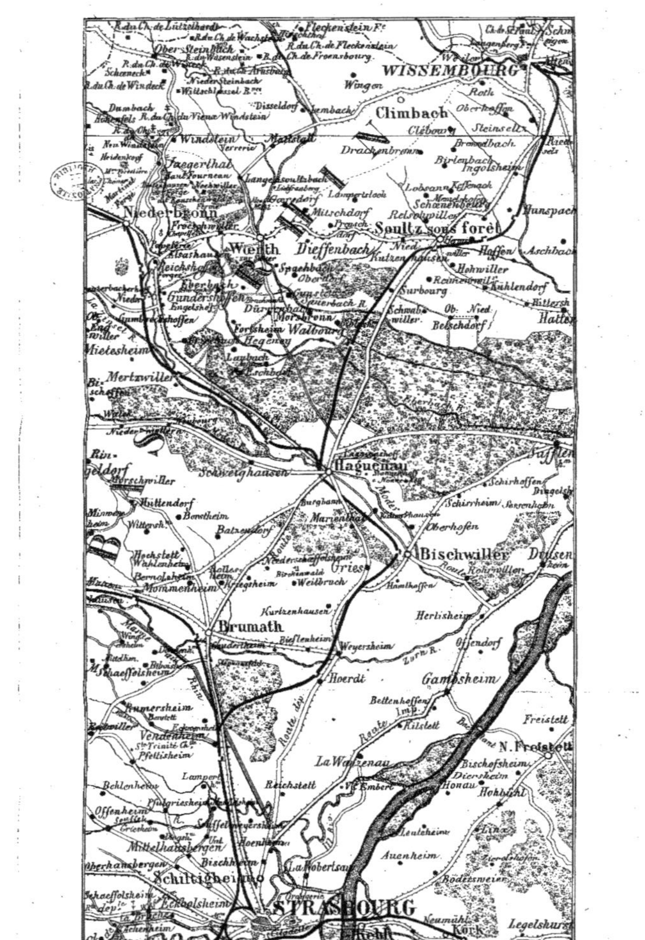
WISSEMBOURG
Climbach
Wingen
Drachenbronn
Soultz sous forêt
Dieffenbach
Wœrth
Niederbronn
Jaegerthal
Windstein
Reichshoffen
Gundershoffen
Mertzwiller
Haguenau
Schweighausen
Bischwiller
Brumath
Hoerdt
Gambsheim
La Wantzenau
Reichstett
Schiltigheim
STRASBOURG
Kehl
Kork
N. Freistett
Freistett
Hunspach
Surbourg
Oberhoffen
Herlisheim
Offendorf
Weyersheim
Kurtzenhausen
Bischheim
Hoenheim
Mittelhausbergen
Vendenheim
Mommenheim
Batzendorf
Marienthal
Rhin
Zorn R.
Auenheim
Bodersweier
Legelshurst
Linx
Honau
Diersheim
Bischofsheim

CARTE DU CHAMP DE BATAILLE DE FROESCHWILLER.

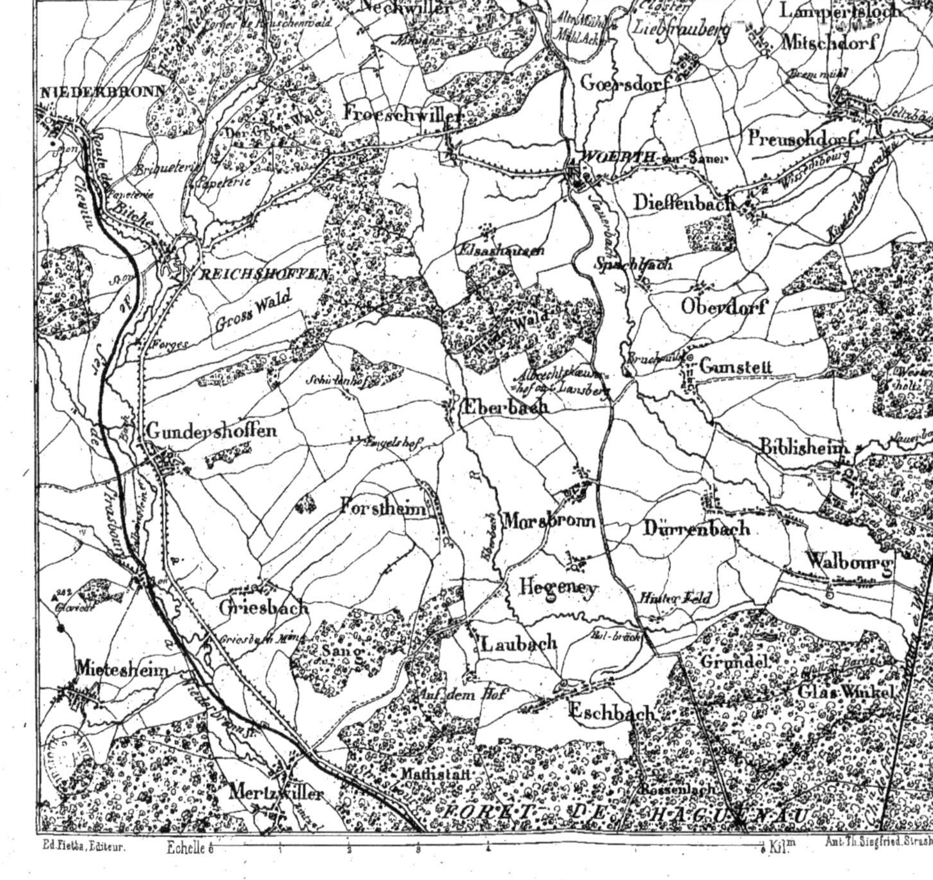

www.ingramcontent.com/pod-product-compliance
Ingram Content Group UK Ltd.
Pitfield, Milton Keynes, MK11 3LW, UK
UKHW020943180726
13838UKWH00003B/1088